W0382452

Mein erstes Englisch-Übungsbuch

Geschichten für Jungs

gondolino

FSC
www.fsc.org
MIX
Papier aus verantwortungsvollen Quellen
FSC® C015559

ISBN 978-3-8112-3429-1
1. Auflage 2017
© für diese Ausgabe: gondolino GmbH, Bindlach 2017
Umschlagillustration: Julia Ginsbach
Umschlaggestaltung: Vanessa Braun
Printed in Poland

Alle Rechte vorbehalten:
Kein Teil dieses Werkes darf ohne schriftliche Einwilligung des Verlages in irgendeiner Form (Fotokopie, Mikrofilm oder ein anderes Verfahren) reproduziert oder unter Verwendung elektronischer Systeme verarbeitet, vervielfältigt oder verbreitet werden.

Der Umwelt zuliebe gedruckt auf chlorfrei gebleichtem Papier.

www.gondolino.de

Liebe Eltern und Erzieher,

die kurzen Wortbild-Geschichten und ihre einfache Übersetzung bieten Grundschulkindern eine sinnvolle Möglichkeit für die erste Begegnung mit Texten in englischer Sprache.

Kleine Bilder ersetzen in den lustigen Geschichten alle Namenwörter. So ist jede Menge Lesespaß garantiert. Und das Verstehen der englischen Wörter gelingt ganz einfach, denn der englische und der deutsche Text werden direkt gegenübergestellt.

Die englischen Begriffe können mit den Bildern und der deutschen Übersetzung im Vokabelfenster eingeübt werden. Das Vokabelfenster findet man auf jeder deutschen Textseite unten.

Zudem werden die Kinder mit einfachen Sätzen und Gesprächsformen vertraut gemacht. Als Sprechanreiz sind am Schluss jeder Lerneinheit die wichtigsten Tunwörter aufgeführt.

Themen aus dem Grundschullehrplan in spannende Geschichten verpackt: So leicht ist Englischlernen!

Have fun!

Ihr gondolino-Englisch-Team
Christina Reuth, Gertraud Fuchs
- Grundschullehrerinnen -

Inhalt/Contents

Geschichten vom kleinen Gespenst

Kein normales Gespenst

Auf einem hohen  stand ein  mit sieben 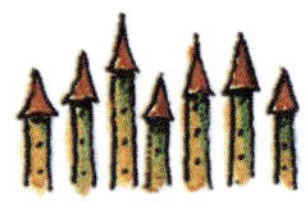.
Jetzt sind nur ein paar  und ein  übrig. Hier lebt das kleine  Gundula.
Es wohnt dort mit der alten .

	Berg	**mountain**		Turm	**tower**
	Schloss	**castle**		Gespenst	**ghost**
	Türme	**towers**		Eule	**owl**
	Steine	**stones**	Let's talk!	Kannst du den Turm sehen?	**Can you see the tower?**

Stories about the little ghost

A very special ghost

Upon a high  stood

a  with seven .

Now only a few  and one  are left.

This is the home of Gundula, the little .

She lives there with the old .

Die  geht auf und

scheint durchs  herein.

Das kleine  reckt sich.

Es springt aus seiner  und

schüttelt das  und die  auf.

„Hallo,  !“, ruft es.

	Sonne	**sun**		Kissen	**pillow**
	Fenster	**window**		Decke	**duvet**
	Gespenst	**ghost**	Let's talk!	Das Kissen ist weich.	**The pillow is soft.**
	Truhe	**chest**	Let's talk!	Die Decke ist warm.	**The duvet is warm.**

The  comes up and

shines through the  .

The little  has a stretch.

Then she jumps out of her  and

shakes her  and her 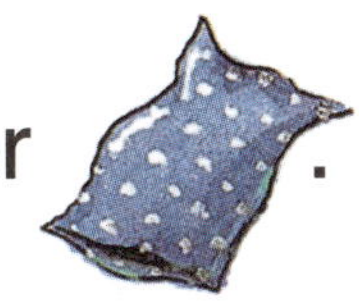 .

"Hello,  !" she says.

Die alte  blinzelt

mit einem 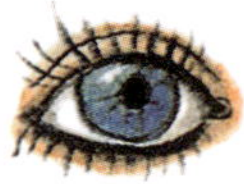 .

„Tagsüber will ich schlafen!“,

sagt sie.

Das kleine  schwebt

vor den  und winkt sich zu.

	Eule	**owl**	Let's talk!	Ist das eine Eule?	**Is that an owl?**
	Auge	**eye**	Let's talk!	Nein, das ist ein Gespenst.	**No, that is a ghost.**
	Gespenst	**ghost**	Let's talk!	Schau in den Spiegel!	**Look into the mirror!**
	Spiegel	**mirror**	Let's talk!	Ich habe braune Augen.	**I have brown eyes.**

The old  blinks

one 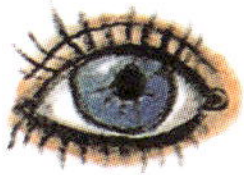.

“I want to sleep in the daytime!”

it says.

The little  glides

over to the  and waves at herself.

Es nimmt den  aus der 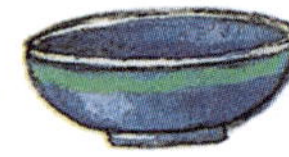.

Das kleine  wäscht sich.

Mit seiner  putzt es sich die .

Was? Normale  stehen nachts auf

und putzen sich nicht die  !? Richtig!

	Waschlappen	**flannel**	Let's talk!	Gib mir den Waschlappen!	**Give me the flannel!**
	Schüssel	**bowl**	Let's talk!	Gib mir die Zahnbürste!	**Give me the toothbrush!**
	Zahnbürste	**toothbrush**	Let's talk!	Ich wasche mich.	**I wash myself.**
	Zähne	**teeth**	Let's talk!	Ich putze meine Zähne.	**I brush my teeth.**

She takes the  out of the .

The little  washes herself. With

a  she brushes her .

What? Normal  get up at night and

do not brush their  either!? That is right!

Aber dieses kleine  macht, was es will.

Gundula spukt auch im 

wenn die  scheint.

Jetzt schwebt sie leise zum  hinaus.

Die alte  möchte schlafen.

	Gespenst	**ghost**	Let's talk!	Die Sonne scheint gerade.	**The sun is shining.**
	Sonne	**sun**	Let's talk!	Die Eule schläft.	**The owl sleeps.**
	Fenster	**window**	Let's talk!	Öffne das Fenster!	**Open the window!**
	Eule	**owl**	Let's talk!	Schließ das Fenster!	**Close the window!**

But this little  does what she wants.

Gundula haunts the 

when the  shines, too.

Now she is quietly gliding out of the .

The old  wants to sleep.

Im Schloss

Manchmal denkt das  zurück

an die  und den  .

Beide leben nicht mehr im  .

Sobald das  anfängt, von ihnen

zu träumen, wird alles wie früher.

	Geist	**ghost**	Let's talk!	Wer lebt im Schloss?	**Who lives in the castle?**
	Königin	**queen**	Let's talk!	Der König lebt im Schloss.	**The king lives in the castle.**
	König	**king**	Let's talk!	Ist das ein Ritter?	**Is that a knight?**
	Schloss	**castle**	Let's talk!	Nein, das ist der König.	**No, that is the king.**

In the castle

Sometimes the little  thinks back

to the  and the .

Neither of them lives in the  anymore.

As soon as the little  starts dreaming

about them, everything becomes as it was.

Das  kann die  auf der 

hören. Die  kommen ins  !

Sie setzen sich an den langen  .

Der  hat viele  auf dem  .

Mit seiner  schöpft er die  voll.

Er rollt ein schweres  herein.

	Pferde	**horses**		Töpfe	**pots**
	Zugbrücke	**drawbridge**		Feuer	**fire**
	Ritter	**knights**		Kelle	**ladle**
	Tisch	**table**		Teller	**plates**
	Koch	**cook**		Fass	**barrel**

The  can hear the  on the  .

The  are coming into the  !

They sit down at the long  .

The  has many  on the  .

With his  he fills up the  .

He rolls in a heavy  .

Die  spielen  .

Sie singen, tanzen und feiern.

Die  eilt in den  und ruft nach Gundula.

„Kannst du bitte die  erschrecken?“,

fragt sie das kleine  . „Der  kann

nicht schlafen. Die  sind zu laut.“

	Ritter	**knights**		Gespenst	**ghost**
	Würfel	**dice**		König	**king**
	Königin	**queen**		Das Gespenst ist im Turm.	**The ghost is in the tower.**
	Turm	**tower**		Du bist im Schloss.	**You are in the castle.**

The  play .

They sing, dance and celebrate.

The  rushes into the  and calls for Gundula. “Could you please frighten the ?” she asks the little . “The  can’t sleep. The  are too noisy.”

„Aber gern“, sagt das kleine .

Schnell wie ein  saust es das 

hinunter. Gundula landet auf dem .

Genau zwischen den .

Die tapferen  erschrecken.

Mit schlotternden  rennen sie hinaus.

Sie reiten auf ihren  davon.

	Blitz	**lightning**	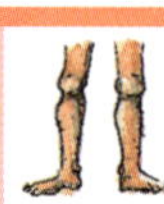	Knie	**knees**
	Treppen-geländer	**banister**		Pferde	**horses**
	Tisch	**table**		Lasst uns würfeln!	**Let's play dice!**
	Ritter	**knights**		Lasst uns ein Spiel spielen!	**Let's play a game.**

“With pleasure,” the little  says.

Fast as  she speeds down the 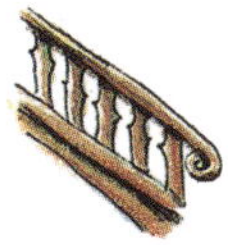 .

Gundula lands on the  .

Right between the  .

The brave  are frightened.

They run outside with trembling 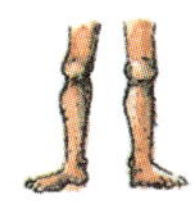 .

They ride away on their  .

Im  ist es wieder ruhig.

Das kleine  ruht sich mit der 

und dem  vor dem  aus.

Bald schläft der müde  ein.

Das kleine  träumt:

Es träumt von einem ,

in dem der  und die 

immer noch leben.

	Schloss	**castle**		Königin	**queen**
	Gespenst	**ghost**	Let's talk!	Wo lebst du?	**Where do you live?**
	Kamin	**fireplace**	Let's talk!	Ich lebe in einer Stadt.	**I live in a city.**
	König	**king**	Let's talk!	Ich lebe in einem Dorf.	**I live in a village.**

In the  it is quiet again.

The little  rests with the 

and the  in front of the  .

Soon the tired  falls asleep.

The little  dreams:

She dreams about a  ,

where the  and the  are still alive.

Der arme Ritter Eduard

Das kleine  zündet ein paar  an. Es nimmt ein  und kuschelt sich in seine . Plötzlich klopft jemand an die . Es ist der alte  Eduard. Der ist so etwas wie ein . Er spukt aber nicht gerne im .

	Gespenst	**ghost**		Tür	**door**
	Kerzen	**candles**		Ritter	**knight**
	Buch	**book**	Let's talk!	Ich lese gerade ein Buch.	**I am reading a book.**
	Truhe	**chest**	Let's talk!	Gefällt dir das Buch?	**Do you like the book?**

Eduard the poor knight

The little  lights a few . She takes a  and snuggles up inside her 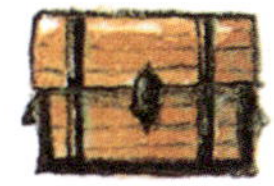. Suddenly someone knocks at the . It is the old  Eduard. He is something like a , too. But he does not like to haunt the .

Eduard kommt die  hoch.

Er lehnt sein  an einen .

Er nimmt seinen  ab und setzt sich.

„Was ist los mit dir?“,

fragt das kleine .

„Du siehst so traurig aus.“

„Ich kann nicht aufhören im  zu spuken“,

sagt der  traurig.

	Treppe	**stairs**	Let's talk!	Der Ritter sitzt auf dem Stuhl.	**The knight sits on the chair.**
	Schwert	**sword**	Let's talk!	Der Helm ist unter dem Stuhl.	**The helmet is under the chair.**
	Stuhl	**chair**	Let's talk!	Das Schwert ist hinter dem Stuhl.	**The sword is behind the chair.**
	Helm	**helmet**			

Eduard comes up the  .

He leans his  against a  .

He takes off his  and sits down.

“What is the matter with you?”

the little  asks.

“You look so sad.”

“I can’t stop haunting the  ,”

the  says sadly.

Als der  Eduard noch lebte,

beraubte er jedes  .

Silberne 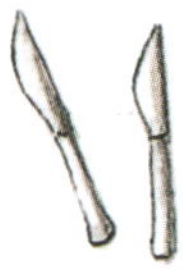,  und ,

eine funkelnde ,

eine goldene  .

Doch jetzt muss Eduard alles zurückgeben.

Erst dann kann er ruhen.

	Messer	**knives**		Kette	**necklace**
	Gabeln	**forks**	Let's talk!	Nimm die Gabel!	**Take the fork!**
	Löffel	**spoons**	Let's talk!	Ich brauche ein Messer.	**I need a knife.**
	Krone	**crown**	Let's talk!	Wo ist der Löffel?	**Where is the spoon?**

When the  Eduard was alive,

he robbed every .

He took silver 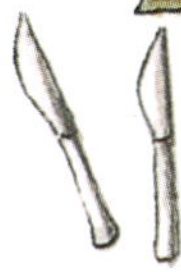, 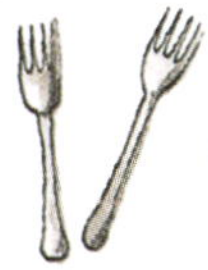 and ,

and a glittering ,

and a golden .

But now Eduard has to give everything back.

Only then he can rest.

„Hast du nicht alles zurückgegeben?“,

fragt das kleine  .

Der  schüttelt den  .

„Ich werde auch nie fertig werden“, sagt er.

Eduard stellt einen goldenen  auf

den . „Ich kann diesen allerletzten 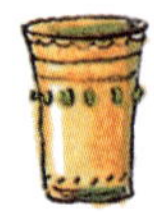

nicht zurückgeben. Er gehört in ein  ,

das es nicht mehr gibt.“

	Gespenst	**ghost**		Tisch	**table**
	Ritter	**knight**		Schloss	**castle**
	Kopf	**head**		Bring mir den Becher!	**Bring me the cup!**
	Becher	**cup**		Hier ist er.	**Here it is.**

“Have you not given it all back yet?”

the little  asks.

The  shakes his .

“And I will never manage to,” he says.

Eduard puts a golden  on the .

“I can’t give this last  back.

It belongs to a  that no longer exists.”

Das kleine  denkt kurz nach.

Es weiß, wie dem  zu helfen ist.

„Vergrab den  dort,

wo das  war“, sagt Gundula.

„So ist er da, wo er hingehört.“

	Gespenst	**ghost**	Let's talk!	Wo ist das Gespenst?	**Where is the ghost?**
	Ritter	**knight**	Let's talk!	Es ist im Schloss.	**It is in the castle.**
	Becher	**cup**	Let's talk!	Wo ist der Becher?	**Where is the cup?**
	Schloss	**castle**	Let's talk!	Er ist auf dem Tisch.	**It is on the table.**

The little  has a quick think.

She knows how to help the  .

"Bury the  at the place where the  used to be," Gundula says.

"Then it will be back where it belongs."

„Stimmt!“, ruft der  .

Er umarmt das kleine  .

Dann setzt er seinen  auf und läuft los.

Der  Eduard vergräbt den  und ist erlöst.

Er muss nie wieder im  spuken.

Nur sein  bleibt zurück.

Und das behält Gundula.

	Ritter	**knight**		Schwert	**sword**
	Gespenst	**ghost**	Let's talk!	Hast du den Helm?	**Do you have the helmet?**
	Helm	**helmet**	Let's talk!	Nein, der Ritter hat den Helm.	**No, the knight has the helmet.**
	Becher	**cup**	Let's talk!	Wo ist das Schwert?	**Where is the sword?**

“You are right!” the  says.

He gives the little  a hug.

Then he puts on his  and hurries away.

The  Eduard buries the  and is free.

He does not have to haunt the  anymore.

All that is left is his .

And Gundula keeps it.

Wichtige Tunwörter / Important verbs

to brush one's teeth	sich die Zähne putzen
Gundula **brushes her teeth** every day.	Gundula **putzt sich** jeden Tag **die Zähne**.
I **brush my teeth** every day.	Ich **putze mir** jeden Tag **die Zähne**.
Gundula **is brushing her teeth**.	Gundula **putzt sich** gerade **die Zähne**.
I **am brushing my teeth**.	Ich **putze mir** gerade **die Zähne**.

to count	zählen
Gundula **counts** towers every day.	Gundula **zählt** jeden Tag Türme.
I **count** towers every day.	Ich **zähle** jeden Tag Türme.
Gundula **is counting** towers.	Gundula **zählt** gerade Türme.
I **am counting** towers.	Ich **zähle** gerade Türme.

to eat	essen
Gundula **eats** a biscuit every day.	Gundula **isst** jeden Tag einen Keks.
I **eat** a biscuit every day.	Ich **esse** jeden Tag einen Keks.
Gundula **is eating** a biscuit.	Gundula **isst** gerade einen Keks.
I **am eating** a biscuit.	Ich **esse** gerade einen Keks.

to play dice	würfeln
Gundula **plays dice** every day.	Gundula **würfelt** jeden Tag.
I **play dice** every day.	Ich **würfele** jeden Tag.
Gundula **is playing dice**.	Gundula **würfelt** gerade.
I **am playing dice**.	Ich **würfele** gerade.

to sit	sitzen
Gundula **sits** at the table every day.	Gundula **sitzt** jeden Tag am Tisch.
I **sit** at the table every day.	Ich **sitze** jeden Tag am Tisch.
Gundula **is sitting** at the table.	Gundula **sitzt** gerade am Tisch.
I **am sitting** at the table.	Ich **sitze** gerade am Tisch.

to sleep	schlafen
Gundula **sleeps** in a chest every day.	Gundula **schläft** jeden Tag in einer Truhe.
I **sleep** in a bed every night.	Ich **schlafe** jede Nacht in einem Bett.
Gundula **is sleeping** in a chest.	Gundula **schläft** gerade in einer Truhe.
I **am sleeping** in a bed.	Ich **schlafe** gerade in einem Bett.

Geschichten vom kleinen Indianer

Winnotamis erste Feder

„Heute bekommst du deine erste  “,

sagt der große  zu Winnotami.

Er zählt auf, was der kleine  dafür

tun muss: „Erst schleichst du wie eine 

durch den . Sei aber leise!

	Feder	**feather**		Wald	**forest**
	Häuptling	**chief**	Let's talk!	Der Häuptling ist groß.	**The chief is tall.**
	Indianer	**Indian**	Let's talk!	Meine Federn sind rot und schwarz.	**My feathers are red and black.**
	Katze	**cat**	Let's talk!	Sei leise!	**Be quiet!**

Stories about the little Indian

Winnotami's first feather

"Today you will get your first  ,"

the big  says to Winnotami.

He tells the little  everything he has

to do: "First you creep like a 

through the  . But be quiet!

Dann schwimmst du durch den  .

Drüben machst du ein  . Mit einem 

schießt du einen  von einem  .

Brate den  über dem  .

Dann überreiche ich dir deine erste  ."

Winnotami schleicht von  zu  .

Auf 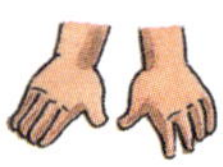 und 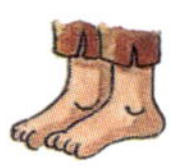 kriecht er durch die 

	Fluss	**river**		Baum	**tree**
	Feuer	**fire**		Hände	**hands**
	Pfeil	**arrow**		Füße	**feet**
	Apfel	**apple**		Büsche	**bushes**

Then you swim across the  .

On the other side you built a  . With

an  you shoot an  down from a  .

Roast the  over the . Then I will give

you your first ." Winnotami creeps

from  to . On his  and his 

he creeps through the  .

Schon ist er am . Er taucht

bis zum großen . Dort atmet er tief durch.

Wie ein  schwimmt er weiter.

Winnotami ist sehr schnell. Als er drüben ist,

sammelt er trockene .

Dann dreht er einen  hin und her.

Es knistert und knackt.

	Stein	**stone**	Let's talk!	Klatsche in die Hände!	**Clap your hands!**
	Fisch	**fish**	Let's talk!	Wie viele Federn hast du?	**How many feathers do you have?**
	Blätter	**leaves**	Let's talk!	Ich habe drei Federn.	**I have three feathers.**
	Stock	**stick**			

Soon he arrives at the . He dives as

far as the big . There he takes a deep breath.

Like a , he swims on further.

Winnotami is very fast. When he reaches

the other side he gathers some dry .

Then he turns a  round and round.

It makes a crackling noise.

Jetzt legt er noch ein paar  drauf, und schon brennt das . Winnotami nimmt einen , spannt den 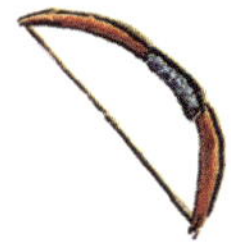 und zielt auf den . Der  saust mittendurch. Doch der  bleibt am . Winnotami überlegt, ob er wohl am  schütteln darf.

	Äste	**twigs**	Let's talk!	Gib mir ein paar Pfeile!	**Give me a few arrows!**
	Feuer	**fire**	Let's talk!	Der Apfel hängt noch am Baum.	**The apple is still hanging on the tree.**
	Pfeil	**arrow**	Let's talk!	Winnotami mag Pfeil und Bogen.	**Winnotami likes bow and arrow.**
	Bogen	**bow**			

He puts a few   on top, and then

his 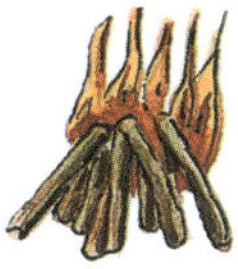 is ready. Winnotami takes an ,

tightens his 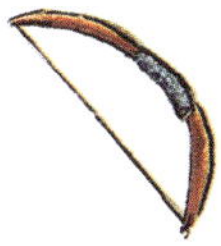 and aims at the .

The  goes right through the middle

of it. But the  stays up on the .

Winnotami wonders whether he is allowed

to shake the .

Verboten hat es der  nicht.

Doch dann plumpst der  ins  .

Winnotami hat es geschafft.

Der  überreicht ihm

seine erste  .

Winnotami ist sehr stolz.

	Häuptling	**chief**	Let's talk!	Hallo, guten Morgen!	**Hello, good morning!**
	Apfel	**apple**	Let's talk!	Mein Name ist Kikuma.	**My name is Kikuma.**
	Gras	**grass**	Let's talk!	Wie ist dein Name?	**What is your name?**
	Feder	**feather**	Let's talk!	Ich bin acht Jahre alt.	**I am eight years old.**

The  did not forbid it.

But then suddenly the  falls into the .

Winnotami has done it!

The  presents him

his first .

Winnotami is very proud.

Kikumas Geschenk

Winnotami spitzt die 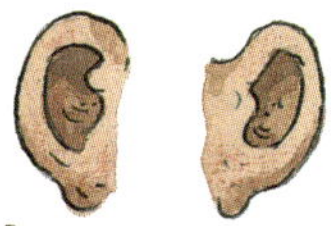. Es schleicht jemand um sein . Er springt auf, um nachzusehen. Es ist Kikuma. „Warum schleichst du so?“, fragt Winnotami das . Kikuma zeigt ihm zwei neue .

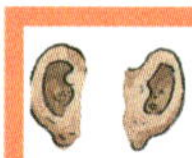	Ohren	**ears**	Let's talk!	Die Katze schleicht.	**The cat creeps.**
	Zelt	**tepee**	Let's talk!	Ich habe neue Mokassins.	**I have new moccasins.**
	Indianer-mädchen	**Indian girl**			
	Mokassins	**moccasins**	Let's talk!	Die neuen Mokassins sind schön.	**The new moccasins are beautiful.**

Kikuma's present

Winnotami pricks up his 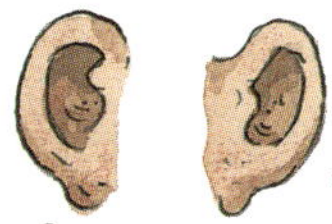. Someone is creeping around his . He gets up to have a look. It is Kikuma. "Why are you creeping around like that?" Winnotami asks the . Kikuma shows him two new .

„Sind diese  für mich?“, fragt der kleine . Kikuma nickt. „Selbst gemacht“, sagt sie. Winnotami zieht seine alten  aus und zieht die neuen an. „Sie passen!“, ruft der kleine .

„Danke! Versprich mir, dass du heute nicht mehr in mein  kommst!“

	Mokassins	**moccasins**	Let's talk!	Ich ziehe jeden Abend meine Mokassins aus.	**I take off my moccasins every evening.**
	Indianer	**Indian**	Let's talk!	Zieh deine Mokassins aus!	**Take off your moccasins!**
	Zelt	**tepee**	Let's talk!	Wo ist mein Geschenk?	**Where is my present?**
Let's talk!	Vielen Dank!	**Thank you very much.**			

“Are these  for me?” the little  asks.

Kikuma nods. “I made them myself,” she says.

Winnotami takes off his old  and puts on

the new ones. “They fit!” the little  cries.

“Thank you very much. Promise that you will

not come into my  today!”

„Warum?“, fragt Kikuma.

„Ich will dich überraschen“,

sagt der kleine  und

geht in sein . Er nimmt

einen  und macht eine  daraus.

Mit seinem  schneidet er

das 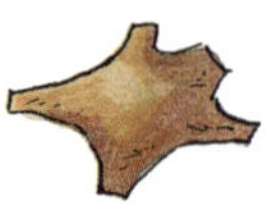 für einen .

	Knochen	**bone**		Rock	**skirt**
	Nadel	**needle**	Let's talk!	Was für eine Überraschung!	**What a surprise!**
	Messer	**knife**	Let's talk!	Das ist ein großer Knochen.	**That is a big bone.**
	Leder	**leather**	Let's talk!	Mein Hund liebt Knochen.	**My dog loves bones.**

“Why?” Kikuma asks.

“I want to surprise you,”

the little  says and

goes back inside his . He takes

a  and makes a  from it.

Then he takes his  and cuts

some 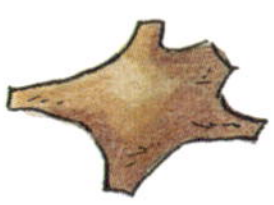 to make a .

Immer wieder sticht sich der kleine 

mit der  in die .

Abends gibt er Kikuma den .

„Der ist aber schön!“, sagt Kikuma.

„Danke“, sagt Winnotami.

Er ist verlegen und versteckt seine .

Bis auf seinen rechten 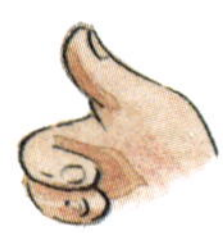 ist nämlich

jeder  verbunden.

	Finger	**fingers**		Finger	**finger**
	Rock	**skirt**	Let's talk!	Zeig mir deine Finger!	**Show me your fingers!**
	Arme	**arms**	Let's talk!	Ich habe zehn Finger.	**I have ten fingers.**
	Daumen	**thumb**			

The little  keeps on pricking

his  with the .

In the evening he gives Kikuma the .

“It is really beautiful!” Kikuma says.

„Thank you“, Winnotami says.

He is embarrassed and hides his .

Apart from his right 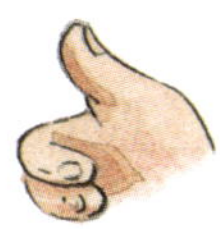,

every  has got a bandage on it.

Wichtige Tunwörter / Important verbs

to count	zählen
The little Indian **counts** the buffaloes every day.	Der kleine Indianer **zählt** jeden Tag die Büffel.
I **count** the buffaloes every day.	Ich **zähle** jeden Tag die Büffel.
The little Indian **is counting** the buffaloes.	Der kleine Indianer **zählt** gerade die Büffel.
I **am counting** the buffaloes.	Ich **zähle** gerade die Büffel.

to dance	tanzen
The little Indian **dances** every evening.	Der kleine Indianer **tanzt** jeden Abend.
I **dance** every evening.	Ich **tanze** jeden Abend.
The little Indian **is dancing**.	Der kleine Indianer **tanzt** gerade.
I **am dancing**.	Ich **tanze** gerade.

to drink	drinken
The little Indian **drinks** milk every morning.	Der kleine Indianer **trinkt** jeden Morgen Milch.
I **drink** milk every morning.	Ich **trinke** jeden Morgen Milch.
The little Indian **is drinking** milk.	Der kleine Indianer **trinkt** gerade Milch.
I **am drinking** milk.	Ich **trinke** gerade Milch.

to eat	essen
The little Indian **eats** an apple every day.	Der kleine Indianer **isst** jeden Tag einen Apfel.
I **eat** an apple every day.	Ich **esse** jeden Tag einen Apfel.
The little Indian **is eating** an apple.	Der kleine Indianer **isst** gerade einen Apfel.
I **am eating** an apple.	Ich **esse** gerade einen Apfel.

to put on	anziehen
The little Indian **puts on** his shoes every morning.	Der kleine Indianer **zieht** jeden Morgen seine Schuhe **an**.
I **put on** my shoes every morning.	Ich **ziehe** jeden Morgen meine Schuhe **an**.
The little Indian **is putting on** his shoes.	Der kleine Indianer **zieht** gerade seine Schuhe **an**.
I **am putting on** my shoes.	Ich **ziehe** gerade meine Schuhe **an**.

to watch	beobachten
The little Indian **watches** the sky every day.	Der kleine Indianer **beobachtet** jeden Tag den Himmel.
I **watch** the sky every day.	Ich **beobachte** jeden Tag den Himmel.
The little Indian **is watching** the sky.	Der kleine Indianer **beobachtet** gerade den Himmel.
I **am watching** the sky.	Ich **beobachte** gerade den Himmel.

Geschichten vom kleinen Zauberer

Ein seltsamer Tag

„Kikeriki!“, kräht der  neben Oskars  .

Der kleine  mag nicht aufstehen.

„Sei still“, sagt er zu

seinem gefiederten  .

„Kikeriki!“, kräht der  erneut.

„Wenn’s denn sein muss“, grummelt Oskar.

	Hahn	**cock**	Let's talk!	Guten Morgen!	**Good morning!**
	Bett	**bed**	Let's talk!	Wann stehst du morgens auf?	**When do you get up in the morning?**
	Zauberer	**wizard**	Let's talk!	Ich stehe um sieben Uhr auf.	**I get up at seven o’clock.**
	Wecker	**alarm clock**			

Stories about the little wizard

A strange day

“Cockadoodledoo,” the  crows

next to Oscar’s  .

The little  doesn’t want to get up.

“Be quiet,” he says to his feathered  .

“Cockadoodledoo,” the  crows again.

“Well, if it’s absolutely necessary,” Oskar mumbles.

Der kleine  steht auf.

Er richtet seinen  auf den .

„Stumpfes , krumme ,

doofer , halt den !“

„Ikirekik!“, kräht der .

„Wieso krähst du rückwärts?“,

fragt der kleine  verwundert.

Doch jetzt bleibt der  stumm.

	Zauberer	**wizard**		Gabel	**fork**
	Zauberstab	**magic wand**		Wecker	**alarm clock**
	Hahn	**cock**		Schnabel	**beak**
	Messer	**knife**			

The little  gets up.

He points his  at the .

“The  is blunt, the  is crooked,

shut your ,  stupid.”

“Oodeldoodackoc,” the  crows.

“Why do you crow backwards?”

the little  asks amazed.

But now the  is silent.

„Saure  , faules  , was ich brauch,

sofort herbei!“, befiehlt Oskar. Er winkt

mit dem  zum  hinüber.

Sofort schweben seine  , sein 

und seine  herbei.

Der  wickelt sich um seine 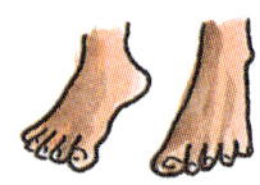 .

Die  wollen seine 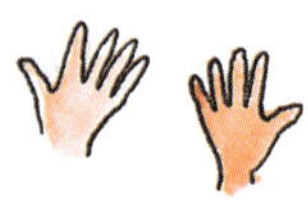 wärmen.

	Gurke	**cucumber**		Umhang	**cape**
	Ei	**egg**		Socken	**socks**
	Stuhl	**chair**	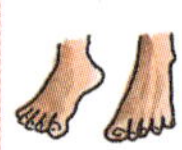	Füße	**feet**
	Hose	**trousers**	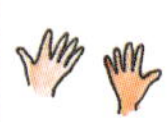	Hände	**hands**

“Pickled , rotten , what I need, come here, I beg!” Oskar orders. He points his  at the . His , his 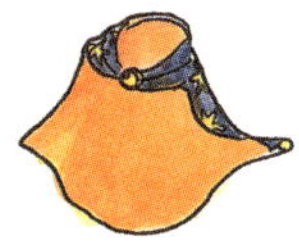 and his  float over at once.

The  wraps around his 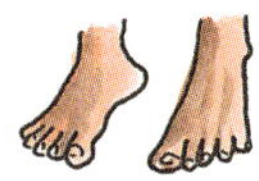.

The  want to warm his 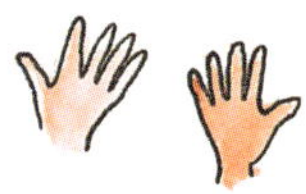.

Die  landet genau auf Oskars 

wie eine  .

Langsam zieht sich der kleine  richtig an.

„ als “, sagt Oskar verwundert.

Er nimmt eine  und gießt sich ein.

Er will sich nicht den  verbrennen,

deshalb zeigt er mit dem  auf die  .

„Viel zu heiß, kalt wie  .“

	Hose	**trousers**		Kanne	**pot**
	Kopf	**head**		Mund	**mouth**
	Mütze	**cap**		Tasse	**cup**
	Handschuhe	**gloves**		Eis	**ice cream**

The  land right on Oskar's 

like a . Slowly the little  puts on

everything correctly.

"  as ," Oskar says amazed.

He takes a  and pours it.

He doesn't want to burn his .

So he points the  at the .

"Much too hot, cold as ."

In der  blubbert und brodelt es.

„Wieso geht heute alles schief?“

Ratlos blickt Oskar auf seinen  .

Endlich fällt dem kleinen  auf,

dass er seinen  verkehrt herum hält.

Deshalb zaubert er heute alles verkehrt!

	Tasse	**cup**	Let's talk!	Nein, der Zauberer trägt keine Schuhe.	**No, the wizard doesn't wear shoes.**
	Zauberstab	**magic wand**			
	Zauberer	**wizard**	Let's talk!	Ist das ein Hut?	**Is this a hat?**
Let's talk!	Trägt der Zauberer Schuhe?	**Does the wizard wear shoes?**	Let's talk!	Nein, es sind Hosen.	**No, these are trousers.**

The  swirls and bubbles.

“Why is everything going wrong today?”

Oskar looks helplessly at his .

Finally the little  realizes

that he is holding his  at the wrong end.

That’s why his magic is going wrong today!

Oskar rettet die Hexe

Oskar, der kleine , trifft im 

die  Hortense. Sie sammelt .

„Wozu brauchst du die  ?“, fragt Oskar.

„Ich will hexen. Ich brauche neue 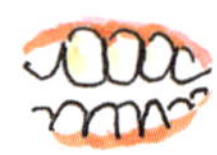 “,

antwortet die .

„Aber die  sind giftig“, sagt Oskar.

	Wald	**forest**		Die Hexe will zaubern.	**The witch wants to do magic.**
	Hexe	**witch**		Die Hexe braucht Pilze.	**The witch needs mushrooms.**
	Pilze	**mushrooms**			
	Zähne	**teeth**			

Oskar saves the witch

Oskar, the little , meets Hortense

the  in the . She is collecting .

“Why do you need these ?” Oskar asks.

“I want to hex. I need new 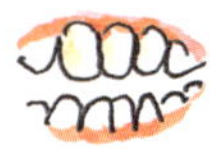,”

the  answers.

“But these  are poisonous,” Oskar says.

„Ich brauche sie trotzdem“, antwortet

die  . „Und dann?“, fragt der kleine 

weiter. „Frag nicht so viel, oder ich hexe

dir ein  an deinen  .“

„Wer nicht fragt, bleibt dumm“, erwidert Oskar.

Die  stöhnt. „Oskar, wenn ich einen

einzigen  vergesse,

verwandle ich mich in eine  .“

	Schloss	**lock**
	Mund	**mouth**
	Pilz	**mushroom**
	Kröte	**toad**

	Zähle bis 10!	**Count to ten!**
	1	**one**
	2	**two**
	3	**three**
	4	**four**
	5	**five**
	6	**six**
	7	**seven**
	8	**eight**
	9	**nine**
	10	**ten**

"I need them anyway," the  answers.

"And then?" the little  asks.

"Don't ask so many questions or

I will hex a  on your  ."

"Not asking questions keeps you stupid,"

Oskar replies.

The  groans . "Oskar, if I forget

a single , I will change into a  ."

Beleidigt macht sich der kleine  auf den . Bald saust die  auf ihrem  davon. Die  biegen sich. Plumps, fällt ein  aus Hortenses . So schnell er kann, rennt Oskar zum  der . An der  hängt ein . „Wer stört, wird in eine  verwandelt.“

	Weg	**way**		Haus	**house**
	Besen	**broomstick**		Tür	**door**
	Bäume	**trees**		Zettel	**note**
	Korb	**basket**		Fliege	**fly**

The little  goes down his  in a huff.

Soon the  sweeps away on her .

The  bend. Bump, a  falls out

of Hortense's . Oskar runs

to the  of the  as fast as he can.

There is a  on the . "Anyone who

bothers me will be turned into a ."

Der kleine  zögert.

„Ich will probieren“, murmelt die  drinnen.

„Hortense! Nicht!“, ruft Oskar

und reißt die  auf.

„Willst du, dass ich mich in eine 

verwandle?“, kreischt die  .

„Nein“, sagt der kleine  und gibt ihr

den letzten  .

Let's talk!	Wo ist die Hexe?	**Where is the witch?**
Let's talk!	Die Hexe ist im Haus.	**The witch is in the house.**
Let's talk!	Wo ist der Zauberer?	**Where is the wizard?**
Let's talk!	Der Zauberer ist vor der Tür.	**The wizard is in front of the door.**
Let's talk!	Was gibt der Zauberer der Hexe?	**What does the wizard give to the witch?**
Let's talk!	Er gibt ihr einen Pilz.	**He gives her a mushroom.**

The little  hesitates.

“I want to try,” the  mumbles inside.

“Hortense! Don’t!” Oskar shouts

and flings open the  .

“Do you want me to change into a  ?”

the  shrieks.

“No,” the little  replies and gives her

the last  .

Die  wird blass. Hastig wirft sie den  in den großen  auf ihrem  .

Mit der  rührt sie um. Sie füllt einen  und trinkt. Schon hat sie strahlend weiße 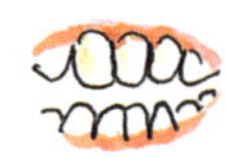 im  . „Danke, Oskar“, sagt die  . „Ohne dich hätte ich mich in eine  verwandelt.“

„Siehst du“, sagt der kleine  . „Fragen kann eben doch nie schaden.“

	Kessel	**pot**		Mund	**mouth**
	Herd	**stove**		Danke!	**Thank you!**
	Suppenkelle	**ladle**		Gern geschehen!	**You're welcome!**
	Becher	**cup**		Entschuldige bitte!	**Excuse me, please!**

The  turns pale. Hastily, she throws the  into the big  on her . She stirs with a 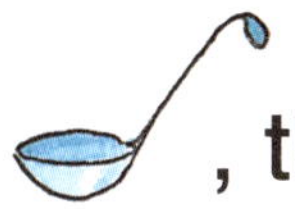, then she fills a  and drinks from it. Now she has got bright white 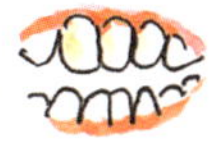 in her . “Thank you, Oskar,” the  says. “Without you I would have changed into a .” – “You see? Asking questions can’t be bad!” the little  says.

Wichtige Tunwörter/Important verbs

to wear	**tragen (anhaben)**
The wizard **wears** trousers every day.	Der Zauberer **trägt** jeden Tag Hosen.
I **wear** trousers every day.	Ich **trage** jeden Tag Hosen.
The wizard **is wearing** trousers today.	Der Zauberer **trägt** heute Hosen.
I **am wearing** trousers today.	Ich **trage** heute Hosen.

to open	**öffnen**
The wizard **opens** the door every morning.	Der Zauberer **öffnet** jeden Morgen die Tür.
I **open** the door every morning.	Ich **öffne** jeden Morgen die Tür.
The wizard **is opening** the door at the moment.	Der Zauberer **öffnet** gerade die Tür.
I **am opening** the door at the moment.	Ich **öffne** gerade die Tür.

to close	**schließen**
The wizard **closes** the door every evening.	Der Zauberer **schließt** jeden Abend die Tür.
I **close** the door every evening.	Ich **schließe** jeden Abend die Tür.
The wizard **is closing** the door at the moment.	Der Zauberer **schließt** gerade die Tür.
I **am closing** the door at the moment.	Ich **schließe** gerade die Tür.

to get up	aufstehen
The wizard **gets up** at seven o'clock every day.	Der Zauberer **steht** jeden Tag um sieben Uhr **auf**.
I **get up** at seven o'clock every day.	Ich **stehe** jeden Tag um sieben Uhr **auf**.
The wizard **is getting up** at the moment.	Der Zauberer **steht** gerade **auf**.
I **am getting up** at the moment.	Ich **stehe** gerade **auf**.

to get dressed	sich anziehen
The wizard **gets dressed** at eight o'clock every morning.	Der Zauberer **zieht** sich jeden Morgen um acht Uhr **an.**
I **get dressed** at eight o'clock every morning.	Ich **ziehe** mich jeden Morgen um acht Uhr **an**.
The wizard **is getting dressed** at the moment.	Der Zauberer **zieht** sich gerade **an**.
I am getting dressed at the moment.	Ich **ziehe** mich gerade **an**.

to drink	trinken
The wizard **drinks** tea every day.	Der Zauberer **trinkt** jeden Tag Tee.
I **drink** tea every day.	Ich **trinke** jeden Tag Tee.
The wizard **is drinking** tea at the moment.	Der Zauberer **trinkt** gerade Tee.
I **am drinking** tea at the moment.	Ich **trinke** gerade Tee.

Geschichten aus der Schule

Der erste Schultag

Gespannt sitzen die  auf ihren .

Jedes  hat eine bunte  und

eine neue . Da ist alles drin,

was man in der 

braucht.

Die  schauen zur .

Wer wird ihre  sein?

	Kinder	**children**		Schultasche	**schoolbag**
	Stühle	**chairs**		Schule	**school**
	Kind	**child**		Tür	**door**
	Schultüte	**sugar bag**		Lehrerin	**teacher**

Stories about school

The first day at school

The  sit on their  excitedly.

Every  has got a coloured  and

a new  . Inside is everything

you need at 

.

The  look at the  .

Who will be their  ?

Plötzlich geht die  auf. Die 

kommt herein. „Hallo,  !“, sagt die  .

Sie ist nicht sehr groß. Sie trägt einen

bunten  und hält eine  in der 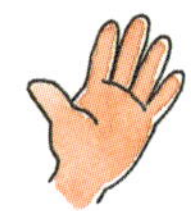 .

Sie trägt eine  und sieht fröhlich aus.

„Ich bin eure  . Wollt ihr raten,

wie ich heiße?“, fragt sie.

Die  rufen: „Ja!“

	Lehrerin	**teacher**		Brille	**glasses**
	Rucksack	**rucksack**		Guten Morgen, Kinder!	**Good morning, children!**
	Gitarre	**guitar**		Wie heißt du?	**What's your name?**
	Hand	**hand**		Ich heiße Tim.	**My name is Tim.**

Suddenly the  opens. The  comes in.

“Hello, !” the  says. She isn’t very tall.

She is carrying a coloured 

and holding a  in her 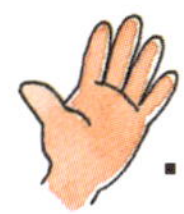.

She wears  and she looks cheerful.

“I am your . Do you want to guess

my name?” she asks. The  shout: “Yes!”

Die lustige  nimmt eine 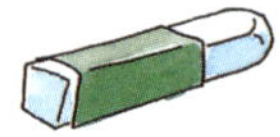 und

malt einen großen  an die .

„Heißt du vielleicht  ?“, fragt Ines.

„Nein“, sagt die lustige  und malt weiter.

Zwei kleine  für die ,

ein schmales  für die  und

einen großen, lustigen .

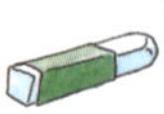	Kreide	**chalk**		Augen	**eyes**
	Kreis	**circle**		Dreieck	**triangle**
	Tafel	**blackboard**		Nase	**nose**
	Fußball	**football**		Mund	**mouth**

The funny  takes a piece of 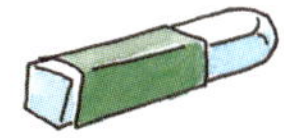

and draws a big  on the 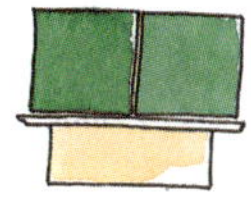.

“Is your name ?” Ines asks.

“No,” the funny  says

and she continues drawing.

She draws two little  for the ,

a small  for the  and a big funny 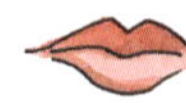.

„Heißt du  ?“, fragt Anusch.

Die lustige  schüttelt den 

und lacht.

„Frau Lustig“, schlägt Max vor.

„Fast, gleich habt ihr es!“,

ruft die lustige  .

„Heißt du vielleicht Frau Fröhlich?“,

fragt Kathi.

	Strich- männchen	**matchstick man**	Let's talk!	Das ist Kathi.	**This is Kathi.**
	Lehrerin	**teacher**	Let's talk!	Wie alt bist du?	**How old are you?**
	Kopf	**head**	Let's talk!	Ich bin acht Jahre alt.	**I'm eight years old.**
Let's talk!	Mein Name ist Max.	**My name is Max.**			

"Is your name  ?" Anusch asks.

The funny  shakes her 

and smiles.

"Mrs Funny," Max suggests.

"You almost got it!" the funny  shouts.

"Is your name Mrs Jolly?" Kathi asks.

„Gut geraten“, sagt Frau Fröhlich.

Dann nimmt sie ihre 

und spielt den  ein Lied vor.

Die sind froh, dass sie so eine

lustige  haben.

	Gitarre	**guitar**		Das ist ... ... die Tafel.	**This is ...** **... the blackboard.**
	Kinder	**children**		... das Pult. ... die Wand.	**... the desk.** **... the wall.**
	Das ist unser Klassen-zimmer.	**This is our classroom.**		Das ist ... ... ein Fenster. ... der Boden.	**This is ...** **... a window.** **... the floor.**

“That’s right!” Mrs Jolly says.

Then she takes her 

and plays a song to the  .

They are glad to have

such a funny  .

Willi muss ins Krankenhaus

Max wirft den nassen  nach Willi.

Er trifft aber Kathi. Die  läutet.

Die  rennen herum.

Wo bleibt nur Frau Fröhlich? Sie ist sonst immer pünktlich. Goran stürzt herein und schlägt die  zu. „Sie kommt!“, ruft er.

	Schwamm	**sponge**	Let's talk!	Entschuldige bitte!	**Excuse me!**
	Schulglocke	**schoolbell**	Let's talk!	Ich bin zu spät.	**I am late.**
	Kinder	**children**	Let's talk!	Ich bin zu früh.	**I am early.**
	Tür	**door**	Let's talk!	Ich bin pünktlich.	**I am on time.**

Willi has to go to hospital

Max throws the wet  at Willi.

But it hits Kathi. Then the  rings.

The  are running about.

Where is Mrs Jolly? She is usually on time.

Goran bursts into the room and slams the  .

"She is coming!" he shouts.

Willi rennt schnell zu seinem  .

Er stolpert über seine  .

Alle  und  fallen heraus.

Auch das 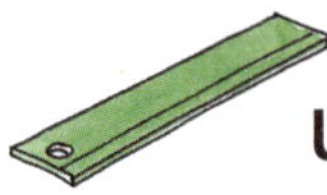 und das  .

Willi fällt. „Aua, mein 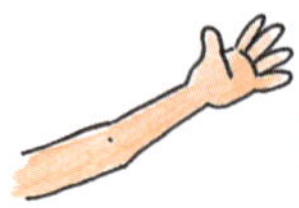 !“, schreit er.

Die lustige  kommt herein.

Sie kümmert sich sofort um Willi

und schaut sich seinen 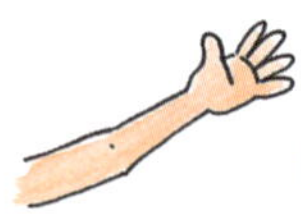 an.

	Schultisch	**desk**		Lineal	**ruler**
	Schultasche	**schoolbag**		Mäppchen	**pencil-case**
	Hefte	**exercise books**	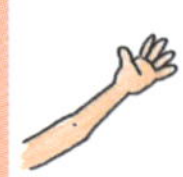	Arm	**arm**
	Bücher	**books**		Lehrerin	**teacher**

Willi runs to his  quickly.

He trips over his  .

All his  and  fall out.

Even the 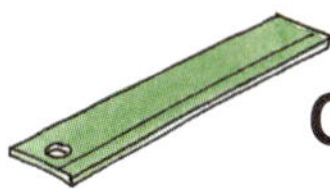 and the  .

Willi falls down. “Ouch, my 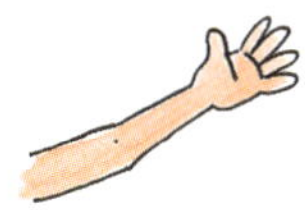 !” he cries.

The funny  comes in. She looks after

Willi at once and examines his 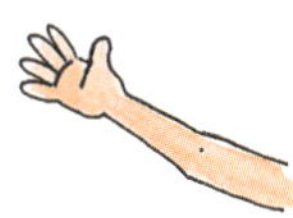 .

„Ich glaube, dein 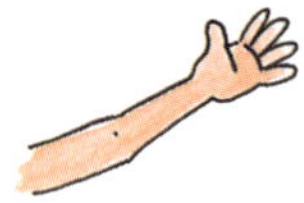 ist gebrochen“, sagt sie.

Willi fängt an zu weinen.

„Jana, lauf schnell zum . Wähl 112,

und ruf einen 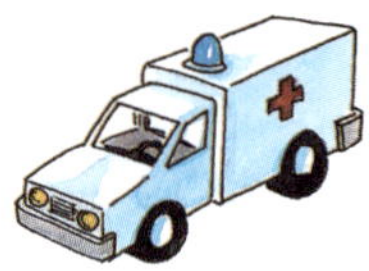“, sagt Frau Fröhlich.

Sie streicht Willi tröstend über den .

Wenig später wird Willi auf einer 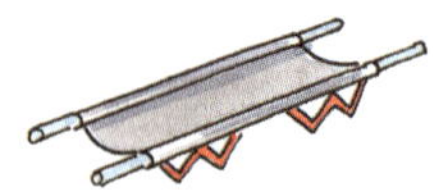

hinausgebracht.

„Wir werden dich besuchen!“, ruft Max.

	Telefon	**telephone**	Let's talk!	Wie geht es dir?	**How are you?**
	Kranken-wagen	**ambulance**	Let's talk!	Mir geht es gut.	**I'm fine.**
	Kopf	**head**	Let's talk!	Tut dein Bauch weh?	**Have you got a stomach-ache?**
	Trage	**stretcher**	Let's talk!	Mein Arm tut weh.	**My arm hurts.**

“I think your 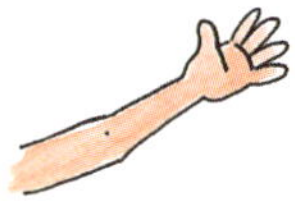 is broken,” she says.

Willi starts to cry.

“Jana, run to the  quickly! Dial 112 and call an 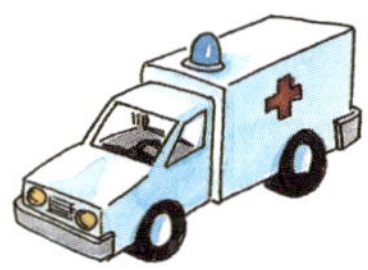 !” Mrs Jolly says.

She strokes Willi’s  to comfort him.

Later they take Willi away on a 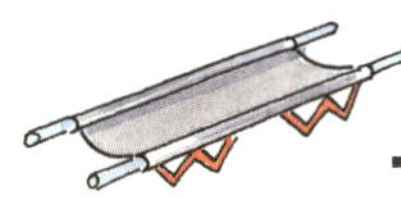 .

“We will visit you!” Max shouts.

Am nächsten Tag bringt jedes  eine 
mit. Die  besuchen Willi
mit einem  im 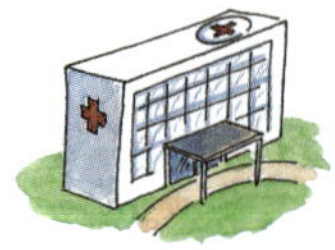.
Willi liegt im . Sein 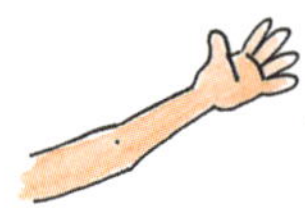 tut
überhaupt nicht mehr weh. Er hat einen 
bekommen. Damit Willi nichts verpasst,
unterrichtet Frau Fröhlich im 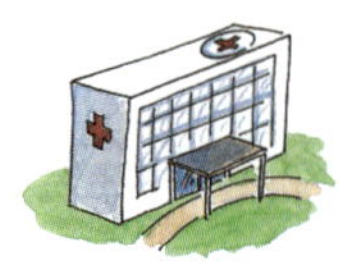.

	Kind	**child**		Bett	**bed**
	Blume	**flower**		Gipsarm	**arm in plaster**
	Blumenstrauß	**bunch of flowers**		Willi ist krank.	**Willi is ill.**
	Krankenhaus	**hospital**		Sein Kopf tut weh.	**He has got a headache.**

The next day every  brings a .

The  visit Willi

with a  at the 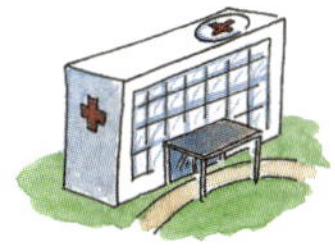.

Willi is lying in 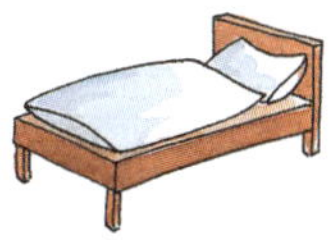. His 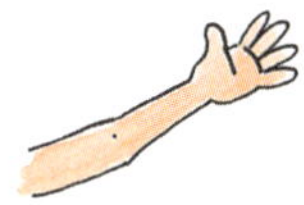 doesn't

hurt anymore. He has got his 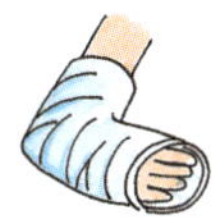.

Mrs Jolly teaches at the 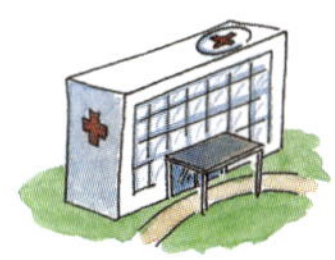

so that Willi doesn't miss out on .

Alle  lachen darüber.

Nur die  und der  sagen,

dass ein 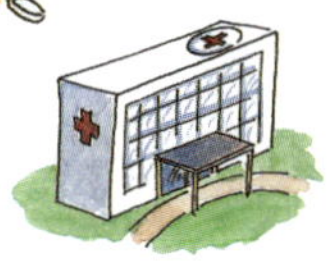 keine  ist.

Aber morgen darf Willi

wieder zur  gehen.

	Kranken-schwester	**nurse**		Willi geht es jetzt besser.	**Willi feels better now.**
	Arzt	**doctor**		Willi kann bald nach Hause gehen.	**Willi can go home soon.**
	Krankenhaus	**hospital**			
	Schule	**school**			

All  laugh about it.

But the  and the  say

that the 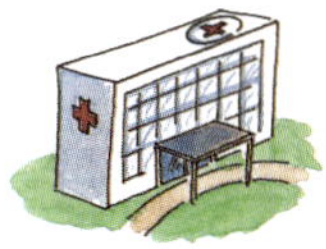 is not a  .

But tomorrow, Willi can go back

to  again.

Wichtige Tunwörter / Important verbs

to open	öffnen
The teacher **opens** the door every morning.	Die Lehrerin **öffnet** jeden Morgen die Tür.
I **open** the door every morning.	Ich **öffne** jeden Morgen die Tür.
The teacher **is opening** the door at the moment.	Die Lehrerin **öffnet** gerade die Tür.
I **am opening** the door at the moment.	Ich **öffne** gerade die Tür.

to close	schließen
The teacher **closes** the door every afternoon.	Die Lehrerin **schließt** jeden Nachmittag die Tür.
I **close** the door every afternoon.	Ich **schließe** jeden Nachmittag die Tür.
The teacher **is closing** the door at the moment.	Die Lehrerin **schließt** gerade die Tür.
I **am closing** the door at the moment.	Ich **schließe** gerade die Tür.

to count	zählen
The teacher **counts** to ten every day.	Die Lehrerin **zählt** jeden Tag bis zehn.
I **count** to ten every day.	Ich **zähle** jeden Tag bis zehn.
The teacher **is counting** to ten at the moment.	Die Lehrerin **zählt** gerade bis zehn.
I **am counting** to ten at the moment.	Ich **zähle** gerade bis zehn.

to sing	**singen**
The teacher **sings** a song every morning.	Die Lehrerin **singt** jeden Morgen ein Lied.
I **sing** a song every morning.	Ich **singe** jeden Morgen ein Lied.
The teacher **is singing** a song at the moment.	Die Lehrerin **singt** gerade ein Lied.
I **am singing** a song at the moment.	Ich **singe** gerade ein Lied.

to play	**spielen**
The teacher **plays** the guitar every day.	Die Lehrerin **spielt** jeden Tag Gitarre.
I **play** the guitar eyery day.	Ich **spiele** jeden Tag Gitarre.
The teacher **is playing** the guitar at the moment.	Die Lehrerin **spielt** gerade Gitarre.
I **am playing** the guitar at the moment.	Ich **spiele** gerade Gitarre.

to show	**zeigen**
The teacher **shows** us a picture every morning.	Die Lehrerin **zeigt** uns jeden Morgen ein Bild.
I **show** you a picture every morning.	Ich **zeige** euch jeden Morgen ein Bild.
The teacher **is showing** us a picture at the moment.	Die Lehrerin **zeigt** uns gerade ein Bild.
I **am showing** you a picture at the moment.	Ich **zeige** euch gerade ein Bild.

Eine Geschichte von der Uhr

Ein Tag mit Max

Jeden Morgen klingelt der  um .

Mama steht auf und geht unter die .

Dann weckt sie Max.

Er zieht sein  und seine  an.

Papa deckt den .

„Hm, frische “, sagt Max.

	Wecker	**alarm clock**		Hose	**trousers**
	sieben Uhr	**seven o’clock**		Tisch	**table**
	Dusche	**shower**		Brötchen	**rolls**
	Hemd	**shirt**	Let’s talk!	Wann stehst du morgens auf?	**What time do you get up in the morning?**

A story about the clock

A day with Max

Every morning the  rings at .

Mummy gets up and takes a .

Then she wakes up Max.

He puts on his  and his .

Daddy lays the .

“Yummy, fresh ,” Max says.

Um  bringt Papa Max

in den  .

Bis  spielen die  ,

was sie wollen.

Um  bringt der 

frische .

Bis  sind die 

auf dem  .

	acht Uhr	**eight o'clock**		zehn Uhr	**ten o'clock**
	Kindergarten	**nursery-school**		Bäcker	**baker**
				Brezeln	**pretzels**
	neun Uhr	**nine o'clock**		elf Uhr	**eleven o'clock**
	Kinder	**children**		Spielplatz	**playground**

At  Daddy takes Max

to the .

Until  the  play

whatever they want.

At  the  brings

fresh .

Until 

the  are in the .

„Hallo, Max!“, ruft Mama.

Sie holt Max um  ab.

Dann fahren sie heim.

Mama brät 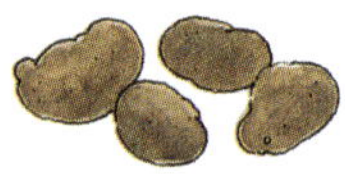 und .

Sie essen um .

Um  legt sich Max ins 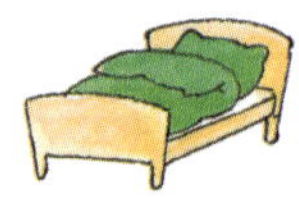

und schläft bis um .

	elf Uhr	**eleven o’clock**		ein Uhr	**one o’clock**
	zwölf Uhr	**twelve o’clock**		zwei Uhr	**two o’clock**
	Kartoffeln	**potatoes**	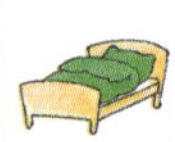	Bett	**bed**
	Spiegeleier	**fried eggs**		drei Uhr	**three o’clock**

"Hello, Max!" Mummy shouts.

She picks up Max at .

Then they drive home.

Mummy fries 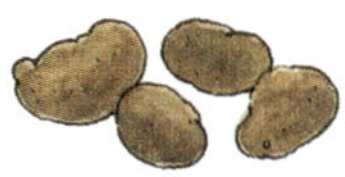 and .

They have lunch at .

Max goes to 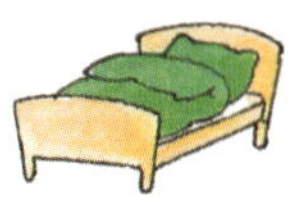 at 

and sleeps until .

Danach geht Max in den 

und spielt mit Sabine.

Um  regnet es.

„Dann spielen wir drinnen“,

sagt Max.

Sie legen zusammen ein .

	Garten	**garden**	Let's talk!	Wann gehst du zur Schule?	**What time do you go to school?**
	vier Uhr	**four o'clock**	Let's talk!	Ich gehe morgens zur Schule.	**I go to school in the morning.**
	Puzzle	**jigsaw**	Let's talk!	Was machst du nachmittags?	**What do you do in the afternoon?**

Afterwards Max goes to the 

and plays with Sabine.

At  it starts to rain.

“Let’s play inside instead,”

Max says.

They do a  together.

„Ich gehe einkaufen. Kommst du mit?“,

fragt Papa um  .

Sie kaufen  ,  und  .

Um  abends

essen sie  , 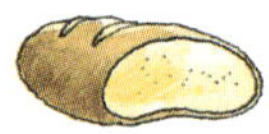 , 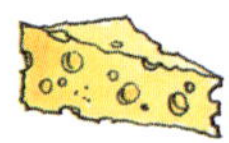 und  .

Um  wäscht sich Max

und putzt seine 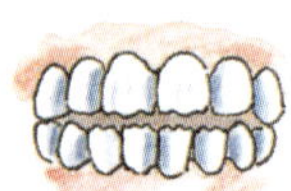 .

	fünf Uhr	**five o’clock**		Brot	**bread**
				Käse	**cheese**
	Salat	**salad**		Wurst	**sausage**
	Karotten	**carrots**		sieben Uhr	**seven o’clock**
	Äpfel	**apples**			
	sechs Uhr	**six o’clock**		Zähne	**teeth**

“I go shopping. Do you come with me?”

Daddy asks at .

They buy ,  and .

At  in the evening

they eat , , 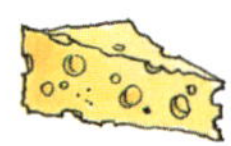 and 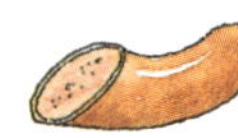.

At  Max washes himself,

and brushes his 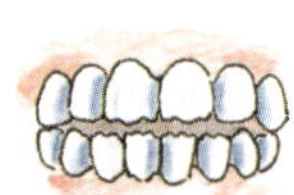.

Abends sitzt Papa bis um 

auf dem  und liest Max

ein  vor. „Schlaft gut“,

sagt Max zu Mama und Papa.

Dann knipst er die 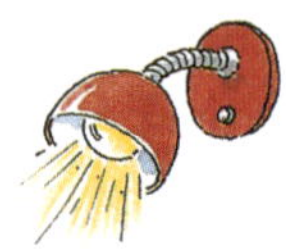 aus.

Um  ist Max schon eingeschlafen,

und um  gehen

Mama und Papa ins .

	acht Uhr	**eight o’clock**		neun Uhr	**nine o’clock**
	Bett	**bed**		zehn Uhr	**ten o’clock**
	Buch	**book**		Schlaf gut!	**Sleep well!**
				Aufstehen!	**Get up!**
	Lampe	**lamp**		Hast du gut geschlafen?	**Did you sleep well?**

Every evening Daddy sits

at the  until  and reads

a  to Max. “Sleep well,”

Max says to Mummy and Daddy.

Then he switches off the .

At  Max is already asleep,

and Mummy and Daddy

go to  at .

Um  ist es still im .

Um  fährt

die letzte  vorüber.

Um  scheint der 

zum  herein.

Der  läuft bis um 

in seinem .

Dann ist auch er müde.

	Haus	**house**		Hamster	**hamster**
	Straßenbahn	**tram**		Käfig	**cage**
	Fenster	**window**	Let's talk!	Was machst du abends?	**What do you do in the evening?**
	Mond	**moon**	Let's talk!	Ich gehe jeden Abend um acht Uhr ins Bett.	**I go to bed at eight o'clock every evening.**

At  it is quiet in the .

The last 

passes by at .

At  the 

shines through the .

The  runs around

in his  until .

Then he is tired, too.

Zwischen  und 

passiert nichts.

Um  bellt ein ,

und um  steckt eine 

die  in den .

Und um  klingelt wieder der .

„Aufstehen, Max!“

	Hund	**dog**	Let's talk!	Was passiert in der Nacht?	**What happens at night?**
	Frau	**woman**	Let's talk!	Der Mond scheint.	**The moon shines.**
	Zeitung	**newspaper**	Let's talk!	Der Hund bellt.	**The dog barks.**
	Briefkasten	**letter box**			

Between 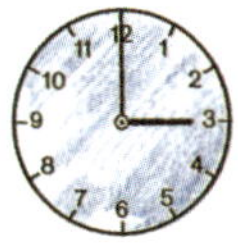 and 

nothing happens.

At  a  barks

and at  a 

puts the  into the .

At  the  rings again.

"Get up, Max!"

Wichtige Tunwörter/Important verbs

to get up	aufstehen
Max **gets up** at seven every day.	Max **steht** jeden Tag um sieben auf.
I **get up** at seven every day.	Ich **stehe** jeden Tag um sieben auf.
Max **is getting up** at seven today.	Max **steht** heute um sieben auf.
I **am getting up** at seven today.	Ich **stehe** heute um sieben auf.

to play	spielen
Max **plays** with his teddy every day.	Max **spielt** jeden Tag mit seinem Teddy.
I **play** with my teddy every day.	Ich **spiele** jeden Tag mit meinem Teddy.
Max **is playing** with his teddy at the moment.	Max **spielt** gerade mit seinem Teddy.
I **am playing** with my teddy at the moment.	Ich **spiele** gerade mit meinem Teddy.

to read	lesen
Max **reads** a book every day.	Max **liest** jeden Tag ein Buch.
I **read** a book every day.	Ich **lese** jeden Tag ein Buch.
Max **is reading** a book at the moment.	Max **liest** gerade ein Buch.
I **am reading** a book at the moment.	Ich **lese** gerade ein Buch.

to paint	malen
Max **paints** a picture every day.	Max **malt** jeden Tag ein Bild.
I **paint** a picture every day.	Ich **male** jeden Tag ein Bild.
Max **is painting** a picture at the moment.	Max **malt** gerade ein Bild.
I **am painting** a picture at the moment.	Ich **male** gerade ein Bild.

to count	zählen
Max **counts** the minutes every day.	Max **zählt** jeden Tag die Minuten.
I **count** the minutes every day.	Ich **zähle** jeden Tag die Minuten.
Max **is counting** the minutes today.	Max **zählt** heute die Minuten.
I **am counting** the minutes today.	Ich **zähle** heute die Minuten.

to go by train	mit dem Zug fahren
Max **goes by train** every day.	Max **fährt** jeden Tag mit dem Zug.
I **go by train** every day.	Ich **fahre** jeden Tag mit dem Zug.
Max **is going by train** today.	Max **fährt** heute mit dem Zug.
I **am going by train** today.	Ich **fahre** heute mit dem Zug.

Quellenverzeichnis

Kein normales Gespenst/A very special ghost,
Im Schloss/In the castle,
Der arme Ritter Eduard / Eduard the poor knight
aus: Werner Färber,
Englisch lernen mit der Bildermaus –
Geschichten vom kleinen Gespenst
mit Illustrationen von Pia Eisenbarth
© 2004 Loewe Verlag GmbH, Bindlach

Winnotamis erste Feder/Winnotami's first feather,
Kikumas Geschenk/Kikuma's present
aus: Werner Färber,
Englisch lernen mit der Bildermaus –
Geschichten vom kleinen Indianer
mit Illustrationen von Gabi Selbach
© 2004 Loewe Verlag GmbH, Bindlach

Ein seltsamer Tag/A strange day,
Oskar rettet die Hexe/Oskar saves the witch
aus: Werner Färber,
Englisch lernen mit der Bildermaus –
Geschichten vom kleinen Zauberer
mit Illustrationen von Julia Ginsbach
© 2003 Loewe Verlag GmbH, Bindlach

Der erste Schultag/The first day at school,
Willi muss ins Krankenhaus/Willi has to go to hospital
aus: Werner Färber,
Englisch lernen mit der Bildermaus –
Geschichten aus der Schule
mit Illustrationen von Claudia Fries
© 2003 Loewe Verlag GmbH, Bindlach

Ein Tag mit Max/A day with Max
aus: Werner Färber,
Englisch lernen mit der Bildermaus –
Geschichten von der Uhr
mit Illustrationen von Angela Weinhold
© 2003 Loewe Verlag GmbH, Bindlach